ハンギョドンの
『老子』

<ruby>老<rt>ろう</rt></ruby><ruby>子<rt>し</rt></ruby>

穏やかに過ごす道しるべ

JN099934

朝日文庫

はじめに

老子は、中国の春秋時代の人物です。
彼が遺した思想書もまた『老子』と呼ばれ、
中国を代表する大古典のひとつとして、
多くの人々に愛され続けてきました。

『老子』には、「水」にかかわる言葉が
多く登場します。

どのような形にも柔軟に対応し、流れ続け、
時に何よりも強い力になる。

そんな水のあり方にこそ、
人は学ぶべきところがたくさんあると、
『老子』は教えてくれます。

自分や他人との向き合い方、
気持ちを楽にしてくれる考え方など、
心にとどめておきたい教えを
たくさん知ることができます。

そんな『老子』の世界へ、
ハンギョドンと一緒に飛び込みましょう!

29　本当に賢い人は自慢話はしないもの。

31　見えないたくさんの「おかげさま」たちに
　　感謝しながら生きよう。

32　情報が多い世の中だけど、必要なことは自分で決めよう。

33　まわりからの評価を気にしすぎない。

34　成功をつかみたいなら、健康でいること。

35　持ってないものに固執せず、
　　人生を楽しむことに集中してみよう。

36　目の前のことに素直な心で向き合おう。

37　誰にも会わずに心を静かにして過ごしてみよう。

38　苦しい状況になっても必ず去ると信じよう。

39　リーダーに大切なのはカリスマ性よりも安心感。

40　「やり遂げた」という気持ちは自信につながるよ。

42　荒んだ世の中だからこそ
　　人との関わりを見つめ直そう。

43　ずる賢く勝とうとする人に
　　振り回されないように。

44　意識しすぎなくても良い行いは
　　自然にできるはず。

45　自分に必要なことだけを見極めて学ぼう。

46 すべての物事を善と悪に
はっきり分けるなんて無理なんだから。

47 いつだってぼくらは
大いなる力に守られている。

48 失敗を全否定せず、そこから学ぼう。

49 人から奪って得たものはいつか失ってしまう。

50 頑張れない時だってある。
自分の本当の思いを無視しないでいよう。

51 人のいいところを見つけて
自分から好きになれば相手からも好かれやすい。

52 一歩一歩、今の自分のペースで歩いていけばいい。

54 ぼくたちは誰もがこの広い宇宙の中の一員だよ。

55 自分を大切に。まわりの人も大切に。

56 軽々しさと口やかましさは
チームワークを乱す原因。

57 自然と相手が良い方向に行けるように
優しく背中を押そう。

58 お互いの良いところを学び合うことで成長できる。

59 強さと優しさの両方を持った人が本当に魅力的な人。

60 周囲の人に好かれれば良いことが自然と寄ってくる。

61 すべてを思った通りに進めるなんてできないよ。

63 やりすぎると必ずうまくいかなくなる。

64 勝った時こそ、負けた相手に敬意を払おう。

65 無理をしなくても自然と良い方向に向かうもの。

66 人に勝つよりも自分に勝つ方が難しい。

67 今の自分に満足できれば幸せになれる。

68 本当にすごい人は自分を「大物だ」なんて
思っていない。

69 目的がはっきりすれば、必ず導かれていくよ。

70 相手の要望には、しなやかに向き合おう。

72 欲しがらずに生きれば、毎日がハッピーになる。

73 見返りを求めず、押しつけないのが本当の優しさ。

74 自分を良く見せようとするのは、かえって恥ずかしいよ。

75 柔軟な考え方で「予定外」も楽しもう！

76 真のヒーローは遅れてやってくるもの。

78 笑われてもいいじゃん。主張するって立派なこと。

79 いつも偉ぶる人より笑ってくれる人がいい。

80 力ずくで押し通す人、かっこ良くないぞ。

81 誰かを動かすためには相手の気持ちに
寄り添えるしなやかで柔らかな心が必要。

82 お金があるとうれしい。でも欲を出せばきりがない。

83 口がうまい人より見せ方がうまい人より
いい味出してる人になる。

84 「今が幸せだ」っていつも思える人は
これから先もずっと幸せ。

85 誰かの言うことに惑わされなくていい。

86 要らないものがわかったら成功は目前！

87 あの人とはあわないって決めつけてない？

88 いい人生を送るぞ、って頑張りすぎない方が
きっといい人生。

89 武勇伝は自分で話さなくても
誰かがわかってくれてるよ。

90 迷ったら、スタートした日の気持ちを思いだそう。

91 弱く見えるのは繊細で優しいから。

92 根っこがしっかりしていたら何が起きても大丈夫。

93 良心を持っている人には危険の方から
遠ざかっていく。

94 年を取るってとっても素敵で誇っていいこと。

95 ボソッと口にした一言が
グサッと核心を突く。

96　放っておいてみても意外と大丈夫なこともあるよ。

97　何もかもうまくいかない時、
　　チャンスはすぐそこにある。

98　欲しがりすぎないで。
　　幸せを分かち合える人になろう。

99　つい口を出したくなる気持ちはわかるけど
　　信じて任せてみようよ。

100　強い立場の人が頭を下げれば、たいていはうまくいく。

101　あれが好き。これが嫌い。
　　考え方はそれぞれでいい。

102　してもらった以上のお返しをしていけば
　　幸せは大きく広がる。

103　手を打つなら早いうち。
　　こじれて大ごとになる前に。

104　できることからしっかりと。千里の道も一歩から。

106　余計なことばかり考えると心が荒んでいく。

107　人望がある人は誰よりも謙虚な人。

108　正しいことを言っても認められるとは限らない。

109　優しく、質素に、謙虚に。人生で本当に大切なこと。

110　正面からぶつからず、横から、下から避けてみよう。

111　相手を馬鹿にしていたら足をすくわれる。

112 自分から攻撃しちゃだめ。一歩引いて、相手を見て。

114 本当に輝くのは高い服でも宝石でもなく、
その人の本質。

115 「へぇ、そうなんだ！」と言えるようになろう。
知ったかぶりが一番だめ。

116 自分で自分を認めていれば
他人の評価がなくても平気だよ。

117 あなたの優しさ、誰かのずるさ。
大丈夫、絶対に見られてる。

118 縛られ続ける日々は罰を受けるよりつらいもの。

119 怖い怖いとおびえてちゃ見られない景色がある。

120 力を抜いて、しなやかに。
堅すぎるとぽっきり折れちゃうよ。

121 余ったものがあったら
必要としている人に分け与えよう。

122 わかっていてもできないことってある。

123 けんかして、握手しても必ずしこりが残る。

124 どんどん優しくすればいい。きみの優しさは涸れないから。

125 きみの生活だって魅力的。
他人を羨ましがらないで。

126 知識は生き方を決めるための手段。
何を知ってるかだけが大切なわけじゃない。

誰かが良いと
言った方法が
絶対とは限らない。

きみが歩む人生は、人に決められるもので
はない。自分がどうしたいのかをまず考え
よう。歩む道は人の数だけあるんだから。

道の道とす可きは常の道に非ず、名の名とす可きは常の名に非ず。
『上篇（道経）　第一章』

人と比較していたら
自分らしく生きられない。

美しさの基準があるから醜さが生まれてくる。善悪で決めようとすると、悪いものが目につくようになる。誰かと比較するのではなく、ありのままの自分とともに、ありのままの相手も認めて大切にしよう。

天下、皆な美の美たるを知るも、斯れ悪のみ。皆な善の善たるを知るも、斯れ不善のみ。『上篇（道経）　第二章』

お互いの良さを
生かせれば誰もが笑顔になる。

他人と自分を比較して上か下かで争っても、
本当の幸せは手に入らないよ。相手がいる
から自分がいる。自分にも役立てることが
ある。そうやって、謙虚な心で世の中を見
てみよう。

有無相い生じ、難易相い成し、長短相い較（形）り、高下相い傾け、
音声相い和し、前後相い随う。『上篇（道経）　第二章』

無理に流れに逆らわず
生きていこう。
欲張りは疲れるだけだよ。

権力やお金を欲しがっていつも上ばかり見
ていたら、心穏やかではいられないよ。何
も考えず、何も欲しがらず、ただ川を流れ
る水のように争わずに自然に生きることが、
幸せへの道。

欲すべきを見さざれば、(民の) 心をして乱れざらしむ。『上篇 (道経) 第三章』

「空っぽ」ということは
いろんなもので
満たせるということ。

自分には何もない。そんなふうに感じたら、
それはチャンスの証！ 空っぽの容器は
あらゆるものを受け入れられるし、底から
湧き出てくるものだってあるかもしれない。
そう思ったら、わくわくしてこない？
道は、沖しけれども之を用いて或に盈たず、淵として万物の宗に
似たり。『上篇（道経） 第四章』

時は流れていく。
嫌なことは続かないよ。

ぼくらが生きている世界は常に変化している。今、行き詰まっていたっていずれは必ず状況が変わるのだから、焦ってなんとかしようとせずに、今は流れに身を任せて、時が経つのを待ってみよう。

天地の間は、其れ猶お橐籥のごとき乎。虚にして屈きず、動きて愈いよ出ず。『上篇（道経）　第五章』

生きていることは奇跡。
そう思えば毎日が輝くよ。

この世界には止めどなく生命が生まれている。ぼくたちはその中の一部で、今共に生きていることは奇跡のようなこと。この世界に生まれたぼくたちは、誰一人例外なく大切な存在だからね。

谷神、死せず。是れを玄牝と謂う。『上篇（道経）　第六章』

欲を捨てた方が
うまくいくこともある。

空も大地もはるか昔から続いているけれど、
それは天地が「永久でありたい」と思った
からじゃない。欲を出さない方が、意外と
成功して長く続けられることもあるのかも
しれないね。

天地の能く長えにして且つ久しき所以の者は、其の自ずから生
ぜざるを以ての故に能く長えに生ず。『上篇（道経）　第七章』

みんなのことを考えて
動ける人でいれば
孤独になることはないよ。

自分以外の人のことも思いやって行動で
きる人でいよう。人の良さを認めて、大切
にできる人は、みんなから必要とされるし、
誰からも大切にされるよ。

是を以て聖人は、其の身を後にして身先んじ、其の身を外にし
て身存う。『上篇（道経）第七章』

争わず、水のように、
流れるままに生きよう。

川を流れる水のように自然の成り行きに身
を任せよう。大きな川が、流れながらたく
さんの水を分け与えているように、自分が
持っている知恵や経験を共有すれば、みん
なが豊かになれるよ。

上善は水の若し。水は善く万物を利して争わず、衆人の悪む所
に処る。故に道に幾し。『上篇（道経）　第八章』

自分の目の前のことを
ただ大切にすればいい。

椅子取りゲームのように、人や仕事、お金
を奪い合う必要なんてないよ。この世界に
いるすべての人に、居場所はちゃんとある
んだから。あなたが今いる場所で輝く方法
を考えればいい。

夫れ唯だ争わず、故に尤め無し。『上篇（道経）　第八章』

焦らず、気楽に、
長く続けることが大切。

やり遂げることは大切だけど、自分の限界を超えてまで必死に頑張るのはもうやめよう。心と体がボロボロになってしまうよ。まずは、自分のことをちゃんと大切にすることから。

揣ちて之を鋭くすれば、長く保つべからず。『上篇（道経）　第九章』

欲張りすぎると満たされず
心は乾いてしまうもの。

欲しいものを欲しいだけ、「もっともっと」
と欲張っていると、すでに持っているもの
のことを忘れがちになる。自分に持てる分
だけ、持っているものを大切にする方が幸
せだよ。

持して之を盈たすは、其の已むるに如かず。『上篇（道経） 第
九章』

不満や心配は脇に置いて、
今を楽しむと決めよう。

目の前のできごとを、赤ちゃんのように純
粋な心で楽しむと決めて、今日から全力で
楽しんでみよう。楽しむことに集中すると、
不平不満や不安がなくなって、毎日が輝き
始めるよ。

気を専らにし柔を致めて、能く嬰児たらんか。『上篇（道経）
第十章』

いつも謙虚な心で
人のための良い行いを
実行できる人でいよう。

困っている人に手を差し伸べて、社会が
良くなるために自分にできることをしよう。
良いことをしてもひけらかさない謙虚さを
持とう。人助けをしたということは、自分
だけが知っていればいい。

民を愛し国を治めて、能く無為ならんか。『上篇（道経）　第十章』

本当に賢い人は
自慢話はしないもの。

地位や業績を鼻にかけて偉そうにするのは
かっこ悪いし、周囲の人を不愉快にさせて
嫉妬や恨みを買ってしまう。静かに淡々と
自分の力を発揮している方が、結果的には
尊敬されるものだよ。

明白にして四達し、能く無知ならんか。『上篇（道経） 第十章』

見えないたくさんの「おかげさま」たちに感謝しながら生きよう。

ぼくたちが毎日、便利により良く生きられるのはたくさんの「おかげさま」たちがいるから。自分の代わりに動いてくれている存在に目を向けて、日々感謝して心豊かに生きよう。

有の以て利を為すは、無の以て用を為せばなり。『上篇（道経）第十一章』

情報が多い世の中だけど、
必要なことは
自分で決めよう。

タイムラインにおすすめの情報が次々に流
れてきて欲望が刺激される時ってあるよね。
そんな時は少しだけスマホの電源を切って、
本当に必要なものを思いだそう。
五色は人の目をして盲いしむ。『上篇（道経）　第十二章』

まわりからの評価を
気にしすぎない。

まわりからの賞賛や批判に一喜一憂して、
自分の感覚を疎かにしてはいけないよ。ま
わりからの評価はあなたの本当の価値を決
めたりはしない。

是れを寵辱に驚くが若くすと謂う。何をか大患を貴ぶこと身の
若くすと謂う。『上篇（道経） 第十三章』

成功をつかみたいなら、
健康でいること。

心身が壊れるまで頑張る必要なんかない
よ。健康を損なうと、結局何もできなくな
るからね。まずは自分自身を大事にするこ
と。それができる人が、大きな成功をおさ
められるんだ。

貴ぶに身を以てして天下を為むれば、若ち天下を寄すべし。愛
するに身を以てして天下を為むれば、若ち天下を託すべし。『上
篇（道経）第十三章』

持ってないものに固執せず、
人生を楽しむことに
集中してみよう。

「自分は何も手にしていない」と嘆く人が
いるけれど、たくさんのものを持つと、失
うことを恐れるようになる。持っていない
ということは、自由で幸せなことだと気づ
こう。

縄縄として名づくべからず、無物に復帰す。是れを無状の状、
無物の象と謂う。是れを惚恍と謂う。『上篇（道経）　第十四章』

目の前のことに
素直な心で向き合おう。

本当にすごい人は、いつだって周囲を見て
動き、慎重でいる。それでいて、いつも純
粋な気持ちで物事に取り組んでいる。目の
前のことに真剣に取り組むことが、物事を
うまくいかせる秘訣だよ。

豫として冬に川を渉るが若く、猶として四隣を畏かるが若く（略）
敦として其れ樸の若く（略）。『上篇（道経）　第十五章』

誰にも会わずに
心を静かにして過ごしてみよう。

毎日少しでもいいから、心を空っぽにして
ただただ静かに過ごす時間を持つようにし
よう。静けさの中で浮かんでくる思いをひ
とつずつ見つめていると、心に安らぎと平
穏が戻ってくるよ。

虚を致すこと極まり、静を守ること篤く、万物並び作れども、吾
れ以て復るを観る。『上篇（道経）第十六章』

苦しい状況になっても
必ず去ると信じよう。

苦しいことがあったとしても、それは長い
人生のひとつの場面でしかないよ。いずれ
は穏やかな状態に戻っていくと信じて。「大
丈夫。そのうち落ち着くさ」と自分に声を
かけてみよう。

根に帰るを静と曰い、是れを命に復ると謂う。『上篇（道経）
　第十六章』

リーダーに大切なのは
カリスマ性よりも安心感。

理想のリーダーは、自分の存在を知らしめようとする人ではなく、ただ、そこにいるだけで安心感を与えられる人だよ。みんなが居場所があると思えて、心穏やかにいられるように配慮しよう。

大（太）上は下之れ有るを知るのみ。『上篇（道経）第十七章』

「やり遂げた」
という気持ちは
自信につながるよ。

何かに成功した時の達成感は、必ず次へと
つながっていく。「他人の力ではなく、自
分の力で成し遂げた」。その事実は大きな
自信になって、もっと頑張ろうって気持ち
になるんだ。

功成り事遂げて、百姓、皆な我れを自然と謂う。『上篇（道経）
　　第十七章』

荒んだ世の中だからこそ
人との関わりを見つめ直そう。

みんなが自然に正しいことをしていれば、
良い世の中になるのは当たり前。でもそう
じゃないから、自分がどうすればいいのか
をきちんと考えなきゃいけない。まわりの
人たちに、優しくできているかな？

大道廃れて仁義有り。『上篇（道経）　第十八章』

ずる賢く勝とうとする人に
振り回されないように。

人の弱みに付け込んで、自分の思ったように操ろうとするような人を相手にする必要なんかない。まっすぐに自分の道を進むと決めたなら、小賢しい人たちは近寄ってこなくなる。

智慧出でて大偽有り。『上篇（道経）　第十八章』

意識しすぎなくても
良い行いは自然にできるはず。

「良いことをしなければ」と心がけるのは、
立派なこと。けれど、それが強制になっちゃ
いけない。真心を持って行動していれば、
強制されなくても自然と良い行いはできる
ものだよ。

仁を絶ち義を棄つれば、民、孝慈に復り（略）。『上篇（道経）
　　第十九章』

自分に必要なことだけを
見極めて学ぼう。

勉強すればいいってもんじゃないし、誰か
が良いとするものが自分に必要かどうかは
わからない。どんな人生を歩みたいのかを
考えて、自分に必要なものだけを取り入れ
よう。

学を絶てば憂い無し。『上篇（道経）　第二十章』

すべての物事を善と悪に
はっきり分けるなんて
無理なんだから。

善と悪には、実はそんなに大きな差はない
のかもしれない。二極化思考で物事を判断
すれば苦しくなってしまうよ。「こうある
べき」にとらわれず「そういう考えもある
ね」と柔軟に考えられたら、もっと楽に生
きられる。

善と悪と、相い去ること何若。『上篇（道経） 第二十章』

いつだってぼくらは
大いなる力に守られている。

目に見えるものだけがすべてじゃないし、
この地球が存在していること、ぼくらが今
日生きていること自体が奇跡。広い視点で
世界を見渡してみたら、小さな悩みなんて
どうでも良くなるよ。

古より今に及ぶまで、其の名去らず（略）。『上篇（道経） 第
二十一章』

失敗を全否定せず、
そこから学ぼう。

人生に無駄なことはひとつもないよ。そこ
には経験があるだけ。失敗や困難は成長す
るために必要なもの。回り道することで新
しい発見をすることもできる。否定せずに、
受け入れて前に進もう。

曲なれば則ち全く、枉なれば則ち直く、窪なれば則ち盈ち、敝
れば則ち新たに、少なければ則ち得、多ければ則ち惑う。『上
篇（道経）第二十二章』

人から奪って得たものは
いつか失ってしまう。

豊かな人生を歩んでいる人は、目立とうと
しない。自慢することもない。人と争った
り、人から奪ったりしないから、誰からも
嫌われない。ただ、自分の人生を大切にし
て生きている。

夫れ惟だ争わず、故に天下能く之と争う莫し。『上篇（道経）
　第二十二章』

頑張れない時だってある。
自分の本当の思いを
無視しないでいよう。

天気だって、「ずっと同じ」が続くわけじゃ
ない。そう考えたら、人間が同じ状態を長
く保とうとするのだって、難しいってこと
がわかる。続けるのが難しいなって思った
ら、「嫌だな」「疲れたな」って口にしても
いいんだよ。

天地すら尚お久しき能わず、而るを況んや人に於いてをや。『上
篇（道経）第二十三章』

人のいいところを見つけて
自分から好きになれば
相手からも好かれやすい。

人に好かれたいと思ったら、まずは自分が
好きになろう。人に信頼されたいと思った
ら、自分が先に信頼しよう。自分のあり方
が、相手のあり方を変え、お互いに良い関
係を生み出すものだよ。

道に同じくする者は、道も亦た之を得るを楽しみ、徳に同じく
する者は、徳も亦た之を得るを楽しみ（略）。『上篇（道経）　第
二十三章』

一歩一歩、
今の自分のペースで
歩いていけばいい。

マイペースで淡々と頑張るのが一番。背
伸びをして無理して頑張っても息切れして
しまう。今の自分の身の丈にあった方法で、
一歩ずつ前に進む方が、良い結果が出るよ。
企つ者は立たず、跨かる者は行かず。『上篇（道経）　第二十四章』

ぼくたちは誰もが
この広い宇宙の中の一員だよ。

人は誰もが大いなる宇宙の一部。誰もが同
じ地球に住み、共に生きる大切な仲間なん
だ。大地にしっかりと足をつけて自分の人
生を大切にしながら、他のすべての命を大
切に扱おう。

域中に四大有りて、王、其の一に居る。『上篇（道経）　第二十五章』

自分を大切に。
まわりの人も大切に。

知らない間に自分を追い詰めてしまって、
気持ちに余裕がなくなることもある。そう
なると、決まってまわりのことが見えなく
なる。自分をいたわることができたら、周
囲の人にも優しくなれるよ。

奈何ぞ万乗の主にして、身を以て天下に軽がろしくせんや。『上
篇（道経）　第二十六章』

軽々しさと
口やかましさは
チームワークを乱す原因。

人を支えるためにはどっしりと構えている
ことが大切。人を導くためには静かでいる
ことが大切。軽率でやかましい行動を取れ
ば、人を支えることも、導くこともできな
くなってしまうよ。

軽がろしくすれば則ち本を失い、躁がしければ則ち君を失う。『上
篇（道経）第二十六章』

自然と相手が
良い方向に行けるように
優しく背中を押そう。

他人を優秀だとか劣っているとかで判断せ
ずに、適材適所で役に立てる居場所を探そ
う。相手に無理強いをするのではなく、納
得できる形で導こう。

聖人は、常に善く人を救う、故に人を棄つる無し。『上篇（道経）
第二十七章』

お互いの良いところを
学び合うことで
成長できる。

互いが良いお手本になって学び合えたらい
いよね。反面教師という言葉があるように、
良くない行いをしている人からも学ぶこと
ができる。つまり、すべての人が人生の先
生だってこと。

其の師を貴ばず、其の資を愛せざれば、智と雖も大いに迷わん。
『上篇（道経）第二十七章』

強さと優しさの
両方を持った人が
本当に魅力的な人。

大切なのは、バランスの取れた強さと優しさだよ。上から人を頭ごなしに糾弾するのではなく、話を聞き、困った時には人を頼ることもできる。そんな柔軟な人になりたいね。

其の雄を知りて、其の雌を守れば、天下の谿と為る。『上篇（道経）第二十八章』

周囲の人に好かれれば
良いことが自然と寄ってくる。

素敵な人間関係が築けていれば、望むものがいつの間にか手にできているもの。良いできごとが続いたら、純粋な心で日々を楽しめるようになるはず。

天下の谿と為れば、常徳離れず、嬰児に復帰す。『上篇（道経）第二十八章』

すべてを思った通りに
進めるなんてできないよ。

この世界にはさまざまな人がいて、それぞれ自分の価値観を持って生きている。すべてを自分の思ったように動かすなんてできないよ。お互いの存在を認めて尊重して生きる方がいい。

物は、或いは行き或いは随い、或いは歔き或いは吹き、或いは強く或いは羸く、或いは挫け或いは隳つ。『上篇（道経）　第二十九章』

やりすぎると
必ずうまくいかなくなる。

目標としていたことを成し遂げたら、手
にしたものに固執しない方がいい。もっと
もっと、って無理に求めると行き詰まりや
すい。何事もやりすぎは良くないよ

物壮なれば則ち老ゆ。是れを不道と謂う。不道は早く已む。『上
篇（道経）　第三十章』

勝った時こそ、
負けた相手に敬意を払おう。

勉強でも、スポーツでも、競争相手がいる
のはいいことだよね。でも、相手に勝った
時は、負けた相手に最大限の敬意を払おう。
相手は敵ではなく、自分を頑張らせてくれ
た大切なライバルだから。

人を殺すことの衆き、悲哀を以て之に泣（涖）み、戦い勝つも
喪礼を以て之に処る。『上篇（道経）　第三十一章』

無理をしなくても
自然と良い方向に向かうもの。

この世界が生まれ、生物が生まれ、それぞ
れが共存してきたように、この世界は必ず
調和するようにできている。自然の流れに
任せてみよう。

天地、相い合して以て甘露を降す。民、之に令する莫くして自の
ずから均し。『上篇（道経）第三十二章』

人に勝つよりも
自分に勝つ方が難しい。

競争社会の中で生きていると、人に勝つことばかり考えるようになってしまう。でもね、本当は自分に勝つことが大事。自分の人生は結局、自分次第だから。

人に勝つ者は力有り、自ずから勝つ者は強し。『上篇（道経）
第三十三章』

今の自分に満足できれば
幸せになれる。

今の自分は十分に足りていて、素敵だということ。まずはそれを知ることが大事だよ。足りないものに目を向けるのはもうおしまいにして、自分の良いところを見つけてみよう。

足るを知る者は富み（略）。『上篇（道経）第三十三章』

本当にすごい人は
自分を「大物だ」なんて
思っていない。

偉業を成し遂げる人って、実は「すごいこ
とをやってやろう！」なんて考えずに、た
だ地道に努力を続けているだけなのかもし
れない。そういう人だからこそ、まわりか
ら尊敬されるんだろうね。

其の終に自ずから大と為さざるを以て、故に能く其の大を成す。
『上篇（道経）第三十四章』

目的がはっきりすれば、
必ず導かれていくよ。

行動する時は、できるだけシンプルに、目
的を大切にして考えよう。何をしたいかが
自分の中で明確になっていれば、あらゆる
物事がうまくいくようになる。

大象を執って、天下に往けば、往いて害あらず、安・平・大（泰）
なり。『上篇（道経）第三十五章』

相手の要望には、
しなやかに向き合おう。

何かをやり遂げるために、誰かと勝負しな
くてはならない時もある。力勝負をするよ
りも、しなやかにかわしながら、相手の意
見を聞き、折り合えるポイントを探してみ
るのはどう?

柔弱は剛強に勝つ。『上篇（道経）第三十六章』

欲しがらずに生きれば、
毎日がハッピーになる。

何かを成し遂げようとしなくてもいいし、
頑張り続けなくてもいいんだ。ただ居心地
のいい場所に行って、楽しいと思えること
をやる。それだけで、物事は安定していく。

欲せずして以て静ならば、天下は将に自のずから定まらんとす。
『上篇（道経）　第三十七章』

見返りを求めず、
押しつけないのが本当の優しさ。

本当に優しい人は、自分のことを優しいなんて思っていないものなんだ。自分は優しい人だと自認している人、見返りを期待する下心がある人の優しさは偽物かもしれないから気をつけて。

上徳は徳とせず、是を以て徳有り。下徳は徳を失わざらんとす、是を以て徳無し。『下篇（徳経）　第三十八章』

自分を良く
見せようとするのは、
かえって恥ずかしいよ。

「ぼくのこと知らないの？」って特別扱い
を求める人もいるけれど、「いえいえ私な
んかが」って道端の石ころのように振る
舞っている人が実はすごい人だったりする
もの。

琭琭、玉の如きを欲せず、珞珞、石の如し。『下篇（徳経）　第
三十九章』

柔軟な考え方で
「予定外」も楽しもう！

物事を進めるうちに、思っていたのと違った方向に行くことってよくあるよね。いつも頭を柔らかくして、「こっちの方向もいいかもな」って思えるようにしていれば、いろんなアイディアが浮かんでくるはず。

反は道の動、弱は道の用。天下の万物は有より生じ、有は無より生ず。『下篇（徳経）　第四十章』

真のヒーローは
遅れてやってくるもの。

本当に優れた人は、力が発揮されるまでに時間がかかるって言われてる。それは、少しずつ確実に実力をつけてるからなんだ。今すぐに成果が出ないからって、焦ることはないんだよ。

大器は晩成し、大音は希声、大象は形無し（略）。『下篇（徳経）第四十一章』

笑われてもいいじゃん。
主張するって立派なこと。

例えば何かを主張してみた時に、それを受
け入れてくれる人もいれば、疑いにかかる
人もいるし、笑い飛ばす人もいる。でも、「笑
われたって上等！」って意見を言える人は
かっこいい。

上士、道を聞けば、勤めて之を行なう。中士、道を聞けば、存
るが若く、亡きが若し。下士、道を聞けば、大いに之を笑う。『下
篇（徳経）第四十一章』

いつも偉ぶる人より
笑ってくれる人がいい。

偉い人の中には、あえておどけた振る舞い
をすることで周囲の気を引き付ける人もい
る。確かに、常にふんぞり返っている人よ
り、お茶目な人の方が、親しみやすいよね。

人の悪む所は、唯だ孤寡不穀、而も王公は以て称と為す。『下篇
（徳経）　第四十二章』

力ずくで押し通す人、
かっこ良くないぞ。

どうしてもやりたいことがあっても少し周りを見回してみた方がいい。自分さえ良ければそれでいい、なんて考えていると、いつか必ず痛い目を見ることになるよ。

強梁者は其の死を得ず。『下篇（徳経）　第四十二章』

誰かを動かすためには
相手の気持ちに寄り添える
しなやかで柔らかな心が必要。

水って大きくて重いものも動かせるし、ど
んな隙間にだって入っていけるよね。人の
心を動かすのも実は同じことなんだ。本当
に大切なのは強さじゃなくて、柔らかい心
で向き合うこと。

天下の至柔、天下の至堅を馳騁し、無有は無間に入る。『下篇（徳
経）　第四十三章』

お金があるとうれしい。
でも欲を出せばきりがない。

副業しろ、株や不動産に投資しろって、ネットもテレビも言っているけれど、振り回されて、不安になって、心が疲れちゃつらいだけ。確かにお金は大切だけど大切なことはたくさんあるから。

足るを知れば辱しめられず、止まるを知れば殆うからず。『下篇（徳経）　第四十四章』

口がうまい人より
見せ方がうまい人より
いい味出してる人になる。

口べたで不器用だと思ってた人が、実はす
ごくできる人だったりする。何を考えてる
のかわからない人が、実は一番の理解者
だったりする。自分も誰かにとってそうい
う人でありたいね。

大弁は訥なるが若し。『下篇（徳経）第四十五章』

「今が幸せだ」って
いつも思える人は
これから先もずっと幸せ。

欲しいものが手に入ったら「幸せだ」って
思えるけれど、それって一時的なもの。何
も特別なことがなくたって、「今が満ち足
りている」ことを実感できる人は、どんな
時も常に幸せを感じていられる人。

足るを知るの足るは、常に足る。『下篇（徳経）　第四十六章』

誰かの言うことに
惑わされなくていい。

いい人、悪い人。立派な人、だめな人。あ
れをやるべき。これはやっても無駄。世の
中にはものさしがあふれてる。でも自分を
測るためのものさしは、自分の心の中にし
かないんだよ。

是を以て聖人は、行かずして知り、見ずして名づけ、為さずして
成す。『下篇（徳経）　第四十七章』

要らないものがわかったら
成功は目前！

自分にとって余計な知識や不要な物事がわ
かるようになったら、それは目標までもう
一歩のところにいるということ。何が必要
かはっきりしているんだから、あとはまっ
すぐ進むだけ！

無為にして為さざる無し。『下篇（徳経） 第四十八章』

あの人とはあわないって
決めつけてない？

自分を信じることはすごく大切だけど、一度思い込んだらそれっきりじゃ見えなくなるものがたくさんある。嫌いとか間違ってるとか決めつけずに、話を聞いてみないともったいないよ。

聖人は常の心無く、百姓の心を以て心と為す。善なる者は吾れ之を善とし、不善なる者も吾れ赤た之を善とす。『下篇（徳経）第四十九章』

いい人生を送るぞ、って
頑張りすぎない方が
きっといい人生。

はりきりすぎないことが大事ってわかって
いる人は、無茶なことはしないもの。そう
いう柔らかな姿勢の方が、困難をうまくか
わせるのかもしれないね。

善く生を摂する者は、陸に行いて兕虎に遇わず、軍に入って甲
兵を被ず。『下篇（徳経）　第五十章』

武勇伝は
自分で話さなくても
誰かがわかってくれてるよ。

せっかく苦労して結果を出したんだから、
誰かに認めてもらいたいのはわかる。でも
自分で言ったら、ただの自慢話。見返りを
求めなくても、きちんとわかってる人はき
みを尊敬しているよ。

生じて有せず、為して恃まず、長じて宰せず、是れを玄徳と謂う。
『下篇（徳経）　第五十一章』

迷ったら、スタートした日の気持ちを思いだそう。

毎日毎日必死に頑張っているうちに、そもそもなぜ自分がこの道を志したのか、見失ってしまうこともある。もし迷いが生じた時には、一度立ち止まろう。一歩めを踏み出した日を思いだそう。

天下に始め有り、以て天下の母と為す。既に其の母を得て、復た其の子を知る。既に其の子を知り、復た其の母を守る。『下篇（徳経）　第五十二章』

弱く見えるのは
繊細で優しいから。

一見すると弱く見える人って、実はとっても強いことがある。そういう人は細かいところまできちんと見ていて、他人にも自分にも優しくできるから。

小を見るを明と曰い、柔を守るを強と曰う。其の光を用いて其の明に復帰すれば、身の殃を遺す無し。『下篇（徳経）　第五十二章』

根っこが
しっかりしていたら
何が起きても大丈夫。

イチから地道に練習なんて時間の無駄？
そんなことはない。基本があってこそ、ど
んな事態にも臨機応変に対応できる。体に
しみこんだ基本は、一生もの。

善く建つるものは抜けず、善く抱くものは脱ちず。子孫、以て祭
祀して輟まず。『下篇（徳経）　第五十四章』

良心を持っている人には
危険の方から
遠ざかっていく。

良い行いが自然とできる人って、生まれた
ての赤ちゃんのようなもの。欲望に負けな
い純粋な心を持っていたら、「この人には
手出しできないな」って、危ないことの方
から勝手に離れていくんだ。

徳を含むことの厚きは、赤子に比す。『下篇（徳経）　第五十五章』

年を取るってとっても素敵で誇っていいこと。

誕生日を迎えて年齢を重ねることができるのって、すごく幸せなこと。必要以上に自分を若く見せようとしたり、若者の雰囲気にあわせてみたりしなくてもいい。あるがままに年を取るのって素敵じゃない？

生を益すを祥と曰い、心、気を使うを強と曰う。『下篇（徳経）第五十五章』

ボソッと口にした一言が
グサッと核心を突く。

フォロワーが多い人が重宝される時代。情報発信力があることはとても重要。でも発信の多さと知識の豊かさは別物だよ。真実だけを、本当に大切なことだけを的確に発信できる人になりたいね。

知る者は言わず、言う者は知らず。『下篇（徳経）　第五十六章』

放っておいてみても
意外と大丈夫なこともあるよ。

ルールでがちがちに縛られていると、逆に
その抜け穴を探しちゃうもの。大切な価値
観さえ共有できていれば細かい決めごとな
んかなくたってお互いのびのび幸せな関係
でいられる。

其の政、悶悶たれば、其の民、淳淳たり。其の政、察察たれば、
其の民、欠欠たり。『下篇（徳経）第五十八章』

何もかもうまくいかない時、
チャンスはすぐそこにある。

絶好調の時ほどピンチは迫っている。絶不
調の時ほど反転のチャンスは近い。だから
調子に乗らず、あきらめず。いつでも自分
にできることを全力でやり続けられる人が、
成功する人。

禍か福の倚る所、福か禍の伏す所、孰れか其の極を知らん。『下
篇（徳経）　第五十八章』

欲しがりすぎないで。
幸せを分かち合える人になろう。

必要以上にお金や名誉を欲しがらず、必要
以上に誰かの上に立とうとせず、必要以上
にケチケチすることもなく、誰かを出し抜
いてやろうとは考えない。そんな人に、な
れるといいね。

人を治め天に事うるは、嗇に若くは莫し。『下篇（徳経）　第
五十九章』

つい口を出したくなる
気持ちはわかるけど
信じて任せてみようよ。

小魚は丸ごと、つつかず弱火で煮る。そう
しないと煮崩れちゃうでしょ？　人に何か
をお願いする時も同じ。必要以上に口出し、
手出ししすぎるとプライドを傷つけちゃう
かも。

大国を治むるは、小鮮を烹るが若し。『下篇（徳経）　第六十章』

強い立場の人が
頭を下げれば、
たいていはうまくいく。

相手に気持ちよく協力してもらうには、へ
りくだってお願いするのが大切。自分の方
が強い立場の時はつい気軽にお願いしちゃ
うけど、意識的にしっかり頭を下げようね。

夫れ両者、各おの其の欲する所を得んとならば、大なる者、宜
しく下ることを為すべし。『下篇（徳経）第六十一章』

あれが好き。
これが嫌い。
考え方はそれぞれでいい。

考え方が相いれない人にも人生がある。愛
する人がいる。大切なものがある。無理し
て好きにならなくてもいいけれど、攻撃し
たりののしったりしなくていい。「あの人
はあの人」と尊重しよう。

道は万物の奥にして、善人の宝、不善人の保とする所なり。『下
篇（徳経）第六十二章』

してもらった以上の
お返しをしていけば
幸せは大きく広がる。

してもらったことと、してあげること。し
てあげることが多すぎてかまわない。たと
え嫌なことをされた時だって、相手が喜ぶ
ことをどんどんすればいい。きっといつか、
自分に返ってくるから。

小を大とし、少を多とし、怨みに報ゆるに徳を以てす。『下篇（徳
経）　第六十三章』

手を打つなら早いうち。
こじれて大ごとになる前に。

できる人は、こじれる前に解決する。できる人は、火が燃え広がる前に消す。ビジネスの鉄則ではあるけれど、人間関係も全く同じ。今、誰かと小さなもめ事の種、かかえてない？

天下の難事（なんじ）は、必ず易（い）より作り、天下の大事は、必ず細（さい）より作（おこ）る。
『下篇（徳経）　第六十三章』

できることからしっかりと。
千里の道も一歩から。

どんな大木も最初はちっぽけな芽。どんな
高い塔もひとつかみの土から。一足飛びに
結果を求めるのではなく一歩ずつ、確実に
前に進めばいい。焦りは禁物、失敗のもと
だから。

合抱の木は、毫末に生じ、九層の台は、累土に起こり、千里の行は、
足下に始まる。『下篇（徳経） 第六十四章』

余計なことばかり考えると
心が荒んでいく。

知識は人生を切り開く助けになる。でも、多くのことを知ると、雑念も増えやすい。自分の心をうまくコントロールできていないなと思ったら、一旦すべての情報から離れてみるのもひとつの手。

民の治め難きは、其の智多きを以てなり。『下篇（徳経） 第六十五章』

人望がある人は
誰よりも謙虚な人。

広い海は小川よりも低い場所にある。人間も同じで、立場が高くなる人ほど謙虚でへりくだることができる方がいい。「あなたのおかげ。ありがとう」って思える人は、きっと偉くなる。

江海の能く百谷の王たる所以の者は、其の善く之に下るを以ての故に能く百谷の王たり。『下篇（徳経）　第六十六章』

正しいことを言っても
認められるとは限らない。

絶対に自分のアイディアの方がいいのに、
つぶされたり、無視されたりする。それは、
相手がきちんと理解できていないだけかも
しれない。今じゃなくても、必ずわかって
もらえる時がくる。

天下皆な謂う、我が道は大にして不肖に似たり、と。夫れ唯だ大、
故に不肖に似たり。『下篇（徳経）　第六十七章』

優しく、質素に、謙虚に。
人生で本当に大切なこと。

いつだって心がけておくべきことは、たった三つ。人に優しく、贅沢をせず、人の上に立とうとしないこと。その心構えは、きっと自分の財産になってくれる。

我れに三宝有り、持して之を保とす。一に日わく、慈。二に日わく、倹。三に日わく、敢えて天下の先と為らず。『下篇（徳経）第六十七章』

正面からぶつからず、
横から、下から避けてみよう。

どうしても誰かと戦わなきゃならないこと
だってある。そんな時の心得。怒らないで。
相手も怒るから。正面から行かないで。何
事も工夫が重要。下手に出てみて。戦わず
にすむかも。

善く士たる者は武ならず、善く戦う者は怒らず、善く敵に勝つ者
は与にせず、善く人を用うる者は之が下と為る。『下篇（徳経）
第六十八章』

相手を馬鹿にしていたら
足をすくわれる。

めちゃくちゃ強い敵が主人公に対して余裕
をかましていたのに、結局倒されるような
場面、見たことない？　相手を侮ると、大
切なものを失うことになるよ。

禍_{わざわい}は敵を軽んずるより大_{だい}なるは莫_なく、敵を軽んずれば幾_{ほとん}ど吾_わが
宝_{たから}を喪_{うしな}わん。『下篇（徳経）　第六十九章』

自分から攻撃しちゃだめ。
一歩引いて、相手を見て。

先制攻撃で主導権を握るのが必勝法？
ちょっと待って、落ち着いて深呼吸。一歩
引いて、相手の出方を見よう。迎え撃つぐ
らいの気持ちでどんと待ち構えて。

兵を用うるに言えること有り、吾れ敢えて主と為らずして客と
為り、敢えて寸を進まずして尺を退く、と。『下篇（徳経）　第
六十九章』

本当に輝くのは
高い服でも宝石でもなく、
その人の本質。

いくら高級なもので着飾っても、内面が磨けてなければなんの意味もないよね。本当に素敵な人は大事なものを内側にかかえているから、たとえ安い服を着ていようとも輝けるんだ。

是を以て聖人は、褐を被て玉を懐く。『下篇（徳経）　第七十章』

「へぇ、そうなんだ！」
と言えるようになろう。
知ったかぶりが一番だめ。

誰かが言ったことに「知ってる」って返さずに「そうなんだ！」って言えたら、相手はきっと気分が良いよね。反対に、本当は知らないのに「知ってる」って返すのは、ダサいこと。知ったかぶりをしても、すぐにばれるよ。

知って知らざるは上なり。知らずして知るは病なり。『下篇(徳経)第七十一章』

自分で自分を認めていれば
他人の評価がなくても
平気だよ。

自分がすばらしい人だって、ちゃんと認め
てあげるのはすごく大切。他人に認めさせ
る必要なんてない。自分がわかっていれば
それでいい。

聖人は、自ずから知って自ずから見ず、自ずから愛して自ずか
ら貴しとせず。『下篇（徳経）第七十二章』

あなたの優しさ、
誰かのずるさ。
大丈夫、絶対に見られてる。

ばれなきゃいい。要領よくやればいい。ま
じめにやって損するの、馬鹿らしい。最近
すごく目立つよね、そんな人たち。きみが
そんな人じゃなくて良かった。ぼくは今の
きみのことが好きだよ。

天網は恢恢、疎にして失わず。『下篇（徳経）　第七十三章』

縛られ続ける日々は
罰を受けるよりつらいもの。

ルールを破ってしまう人たちがいる。なら
ば罰則をもっと重くすればいい？　それ
じゃみんなの気持ちも重くなる。そのルー
ルが本当に必要なものなのか見直す勇気が
解決策かも。

民、死を畏れざれば、奈何ぞ死を以て之を懼れしめん。『下篇（徳
経）　第七十四章』

怖い怖いとおびえてちゃ
見られない景色がある。

平穏無事に生きるのって大切なこと。でも
それが人生の目標じゃ退屈だよね。今の場
所がずっと安全とも限らない。一歩動かな
きゃ行けない場所がある。本当の幸せは新
しい世界にあるかも。

夫れ唯だ生を以て為すこと無き者は、是れ生を貴ぶに賢れり。『下
篇（徳経）　第七十五章』

力を抜いて、しなやかに。
堅すぎると
ぽっきり折れちゃうよ。

自分の意見を曲げない人、偉いと思う。建物を支える丸太のように堅い意志があるのはすごい。でも丸太は枯れ木。やがては折れる。本当に強いのは、青々とした細い木。しなやかに力を受け流せる柔らかさだよ。

人の生まるるや柔弱、其の死するや堅強なり。万物草木の生ずるや柔脆、其の死するや枯槁す。故に堅強なる者は死の徒、柔弱なる者は生の徒なり。『下篇（徳経）第七十六章』

余ったものがあったら
必要としている人に
分け与えよう。

作りすぎちゃった料理をおすそ分けしたり、使わなくなった服を人にあげたり。そんなふうに、余っているものを他の人に分け与えていくことができれば、無駄のない生活が送れるよね。

天の道は、余り有るを損して足らざるを補う。『下篇（徳経）第七十七章』

わかっていても
できないことってある。

甘いものは控えよう。夜更かしは禁物。今
週こそ英会話のレッスン受けなきゃ。切羽
詰まる前に前倒しで頑張るぞ。……でも、
できない時ってあるよね。大丈夫。みんな
そうだよ。

弱の強に勝ち、柔の剛に勝つは、天下、知らざるは莫きも、能く
行なう莫し。『下篇（徳経）第七十八章』

けんかして、握手しても
必ずしこりが残る。

青春ドラマなら、ぶつかり合った二人が仲直りしてこれまで以上の関係になれる。でも現実には、元通りさえ難しいもの。誰かとけんかをするのはやめておこう。あとのしんどさを思って、ぐっと我慢。

大怨を和するも、必ず余怨有り。安んぞ以て善と為すべけんや。
『下篇（徳経）第七十九章』

どんどん優しくすればいい。
きみの優しさは涸(か)れないから。

本当に優しい人は、他人のために何かを「する」ことを大切に思うけれど、そうじゃない人は「してもらう」ことの方を大切にする。見返りなんて求めないで。きみの優しさはきみ自身を幸せにしてくれる。

徳有(とく)るものは契(けい)を司(つかさど)り、徳無(とく)き者は徹(てつ)――取り立つること――を司る。『下篇（徳経） 第七十九章』

きみの生活だって魅力的。
他人を羨ましがらないで。

スマホを開けばあふれ出すきらきらした写
真たち。けれど、自分の食べているものが
美味しくて、着ているものが素敵で、住ん
でいるところに不満なく、毎日を楽しむこ
とができれば、それで十分じゃないかな？

其の食を甘しとし、其の服を美とし、其の居に安んじ、其の俗を
楽しましむ。『下篇（徳経） 第八十章』

知識は生き方を
決めるための手段。
何を知ってるかだけが
大切なわけじゃない。

知識が豊かな人は立派に思えるけれど、本
当に大事なのは、その知識をどんなふうに
生き方や考え方に役立てているか。多くを
知っているだけじゃ、本当の意味で「賢い」
人にはなれないよ。

知る者は博からず、博き者は知らず。『下篇（徳経）　第八十一章』

『老子』の書き下し文は、
福永光司『中国古典選10・11　老子（上・下）』（朝日新聞社）を
参考としました。

ブックデザイン　福間優子

原稿協力　言語化工房ぐり

ハンギョドンの『老子』

穏やかに過ごす道しるべ

2024 年 3 月 30 日　第 1 刷発行
2024 年 6 月 30 日　第 3 刷発行

編　者　朝日文庫編集部
発行者　宇都宮健太朗
発行所　朝日新聞出版
　　　　〒 104 - 8011　東京都中央区築地 5 - 3 - 2
　　　　電話 03 - 5541 - 8832（編集）03 - 5540 - 7793（販売）
印刷製本　大日本印刷株式会社